LES
CONDAMNATIONS
CONDITIONNELLES

ÉTUDE SUR LE PROJET DE LOI VOTÉ PAR LE SÉNAT
LES 24 MAI ET 4 JUILLET 1890

PAR

M. CHARLES BERNARD

Avocat général près la Cour de Dijon

Discours prononcé à l'audience solennelle de rentrée
DU 16 OCTOBRE 1890

DIJON
DARANTIERE, IMPRIMEUR DE LA COUR
65, RUE CHABOT-CHARNY, 65
—
1890

LES
CONDAMNATIONS
CONDITIONNELLES

LES
CONDAMNATIONS
CONDITIONNELLES

ÉTUDE SUR LE PROJET DE LOI VOTÉ PAR LE SÉNAT
LES 24 MAI ET 4 JUILLET 1890

PAR

M. CHARLES BERNARD
Avocat général près la Cour de Dijon

Discours prononcé à l'audience solennelle de rentrée
DU 16 OCTOBRE 1890

DIJON
DARANTIERE, IMPRIMEUR DE LA COUR
65, RUE CHABOT-CHARNY, 65

1890

LES
CONDAMNATIONS
CONDITIONNELLES

ÉTUDE SUR LE PROJET DE LOI VOTÉ PAR LE SÉNAT

LES 24 MAI ET 4 JUILLET 1890

La faveur qui s'attache aux questions pénitentiaires est propre à notre siècle, et nous permet de revendiquer dans une large mesure l'honneur d'un progrès accompli dans la marche de l'esprit humain.

On comprend que le sort du condamné n'éveillât pas l'intérêt tant que, dans la peine subie, on n'a vu qu'une idée de vengeance, et plus tard l'application d'une règle de justice absolue. S'il souffrait, n'était-ce pas la compensation du mal qu'il avait causé ou l'expiation nécessaire d'une infraction à la loi morale ! Quant à son amendement, il paraissait superflu de s'en préoccuper : la rigueur du châtiment, proportionnée à la gravité du délit, garantissait suffisamment que celui auquel il avait été appliqué ne s'exposerait pas à l'encourir de nouveau.

Sans doute, et c'est une consolation pour l'humanité, on rencontre de bonne heure des hommes qu'un sentiment d'un ordre supérieur amènera auprès du condamné pour le secourir et le consoler. Dès le milieu du xvie siècle, on voit se fonder à Marseille, à Orléans, à Toulouse, des confréries vouées au soulagement des prisonniers ; à Paris, deux Sociétés établies sous le patronage des Lamoignon, se consacreront à la même œuvre. Bourdaloue signalera ces héros de la charité « capables, dit-il, de paraître ailleurs avec honneur, qui se rendent, en quelque sorte, plus prisonniers que les prisonniers mêmes, vivant au milieu d'eux, ne quittant es uns que pour se transporter auprès des autres, leur tenant lieu à tous de pères, de tuteurs, d'amis, de confidents, d'agents. » Mais ce ne sont là que des actes individuels, paraissant si extraordinaires, que l'orateur n'ose pas, en les louant, les proposer comme un exemple à suivre. Dans le dévouement de Vincent de Paul s'enchaînant avec les galériens, on admirait l'effet d'une vertu sublime, mais personne ne songeait à y voir un hommage rendu aux droits de l'homme, encore moins la préoccupation d'un intérêt social.

Il revient aux philosophes du xviiie siècle, aux idées généreuses dont ils se firent les ardents propagateurs, le mérite d'avoir provoqué dans l'opinion une révolution qui, par une série naturelle de déductions, devait en définitive appeler l'attention publique sur le sort des condamnés. Mais il faut le reconnaître, s'ils ont suscité le mouvement auquel l'honneur et la liberté des citoyens doivent les garanties qui leur avaient trop longtemps fait défaut, aucun ne paraît s'être préoccupé directement de la régénération morale du coupable. En protestant contre une législation empreinte de toute la barbarie du moyen âge, ils s'intéressent plutôt à celui que menace la peine qu'à celui qui la subit. Soit qu'ils répètent ce cri de Montaigne : « Combien j'ai vu de condamnations plus criminelles que crimes ! » soit qu'ils rappellent cette boutade cruelle de La Bruyère : « Je dirai presque de moi : je ne serai pas voleur ou meurtrier ; mais je ne serai pas un jour puni comme tel, c'est parler bien hardiment », leur conclusion est la justice égale pour tous et la défense libre. Pour y arriver, ils réclament la publicité de la discussion et l'abolition de la question préparatoire, « cette invention admirable, dira ironiquement notre grand moraliste, tout à fait sûre pour perdre un innocent qui a la complexion faible, et sauver un coupable qui est né robuste. » C'est à l'extension exagérée des incriminations et à la cruauté inutile des peines que Beccaria, inaugurant une théorie nouvelle, opposait ce principe si fécond dans ses conséquences, que tout châtiment est inique lorsqu'il n'est pas absolument nécessaire à la conservation de la société. C'est contre la différence des juridictions, suivant la condition des inculpés, contre les longueurs et la dureté de l'emprisonnement préventif que protestent Montesquieu, Servan, Voltaire. Le célèbre publiciste qu'honorent tant de pages éloquentes consacrées à réhabiliter Calas, à flétrir les juges du chevalier La Barre, à poursuivre la révision de l'arrêt inique rendu contre Lally-Tollendal, n'a jamais porté son attention sur les criminels justement frappés par la loi. S'il en parle un jour ce sera pour émettre en riant un de ces paradoxes avec lesquels se joue parfois son esprit étincelant, et pour demander s'il ne conviendrait pas d'utiliser des forces inutilement perdues, soit en donnant à Mandrin un régiment pour combattre les Anglais au Canada, soit en confiant un emploi à la Monnaie au faussaire dont le crime a prouvé l'habileté dans l'art de manier le burin.

Au surplus, il importe peu qu'on n'eût pas en vue l'intérêt du condamné quand on substituait des principes nouveaux à ceux qui paraissaient justifier le droit de punir et son application. Il ne pouvait que bénéficier du changement qui s'opérait dans les esprits. Si, en effet, la peine ne doit être édictée que dans les limites tracées par les nécessités sociales, c'est évidemment dans les mêmes conditions qu'elle doit être exécutée. Aussi, ne tarda-t-on pas à signaler comme inique un état de choses qui semblait jusque-là justifier tout au plus la pitié.

On s'étonne à bon droit que ce sentiment ne se soit pas manifesté plus tôt, quand on constate combien, jusqu'aux derniers jours de l'ancien régime, a été misérable le sort des prisonniers. Sans doute, des règlements existaient pour concilier avec la rigueur voulue du châtiment les exigences de l'humanité; mais l'indifférence du sentiment public à l'égard de ceux qu'ils concernaient avait permis de les violer partout impunément. On comprend l'indignation avec laquelle Howard nous dépeint ces prisons où, avec les débiteurs récalcitrants, avec les personnes de mauvaise vie, parfois même avec les insensés, étaient enfermés les femmes condamnées aux galères et les hommes pour lesquels cette peine avait été commuée en un emprisonnement. Entassés dans un espace étroit et malsain, recevant une nourriture insuffisante, ils sont livrés sans contrôle à la brutalité et à l'avidité de leurs geôliers. Pas de séparation entre les sexes, la promiscuité complète, quels que soient l'âge des prisonniers ou la cause de leur détention. Détail curieux, l'ordonnance du 20 août 1780 constate officiellement l'exactitude de ce tableau navrant, et on ne comprendrait pas un pareil aveu s'il ne s'y joignait les plus sages prescriptions pour remédier au mal. Malheureusement, tout resta à l'état de projet ; Necker se borna à préparer un règlement qui ne fut jamais appliqué, et les maisons de détention continuèrent à justifier cette appréciation de Mirabeau parlant de Bicêtre, à la fois hôpital et prison : « un hôpital fait pour engendrer les maladies, une prison construite pour engendrer des crimes. »

Les cahiers des Etats-généraux étaient unanimes à exiger une réforme. L'Assemblée constituante détermina le principe qui devait en être la base, en édictant que « la Loi ne peut établir que des peines strictement et évidemment nécessaires. » Le code des 22 juillet et 6 octobre 1791 en fut la réalisation. En faisant de l'emprisonnement la peine de droit commun, en prescrivant la séparation entre les inculpés et les condamnés et la répartition de ces derniers entre trois catégories de prisons correspondant à la gravité des infractions, il préparait l'œuvre de la science pénitentiaire : l'amélioration du condamné.

Il faut bien le reconnaître cependant : ni à cette époque ni lorsque, en 1810, fut élaborée la loi pénale qui nous régit, on ne paraît avoir recherché ce qui pouvait donner à la peine un caractère moralisateur. Le but est l'utilité sociale ; le moyen de le réaliser, l'intimidation. D'autres comprirent avant nous qu'on peut arriver au même résultat par la régénération du coupable. *Parum est coercere improbos pœnâ nisi probos efficias disciplinâ.* Cette devise célèbre, que la préoccupation de l'amendement du condamné au point de vue religieux faisait inscrire, dès l'année 1702, sur la porte d'une prison de Rome, était depuis longtemps appliquée à Gand et à Philadelphie (1), dans l'intérêt de la société, lorsque des publicistes éminents, de Tocqueville, Charles Lucas, Béranger, firent admettre en France son efficacité. Par quelle fatalité un principe accepté (2) depuis près d'un demi-siècle par nos assemblées législatives, est-il resté jusqu'à ces dernières années à l'état de théorie? Je n'ai pas à l'expliquer. Constatons du moins l'ardeur avec laquelle aujourd'hui on cherche dans son application le moyen de résister

---

(1) Appliqué pour la première fois par le pape Clément XI dans les prisons de Saint-Michel, le régime de l'emprisonnement individuel le fut à Gand en 1772 et en 1786 à Philadelphie.

(2) Mirabeau, éclairé par son génie, énonçait déjà le principe et proposait, en 1790, les applications qu'il reçoit aujourd'hui. Dans son rapport sur la suppression des lettres de cachet, il disait : « Qu'on supprime les maisons de force, qu'on les remplace par des maisons d'amélioration... il s'agit, quand la Société punit, de corriger et non de détruire » ; il indiquait comme moyen la détention cellulaire « qui forcera le prisonnier à un retour sur lui-même », et des épreuves graduelles suivies de la liberté comme récompense de l'amendement. Mirabeau, criminaliste, par M. Rivière, *Revue britannique*, septembre 1889.

— 11 —

à des dangers que révèle l'accroissement incessant de la criminalité.

La statistique qui, à défaut d'autre intérêt, a l'avantage de fournir des renseignements à l'abri de toute discussion, suffirait à prouver que là seulement peut se trouver le remède. Elle nous apprend que, en 1887, les tribunaux correctionnels ont condamné 228.773, prévenus, tandis que la moyenne annuelle, de 1871 à 1875, n'avait pas dépassé 189,000 ; mais elle nous révèle en même temps que cet accroissement, effrayant à bon droit, est dû moins aux auteurs de premiers délits, qu'à l'audace croissante des récidivistes, dont le nombre s'est élevé de 60,000 à 92,000 entre ces deux périodes. Si d'autre part l'on remarque que, seulement pour 15,304 de ceux-ci, les peines antérieurement subies étaient supérieures à une année d'emprisonnement, ne sera-t-on pas amené à cette double conclusion : pour arrêter les progrès de la criminalité, il faut s'appliquer à prévenir la récidive ; et pour combattre la récidive, il importe de supprimer les peines de courte durée, dont d'ailleurs personne ne conteste l'inefficacité absolue, soit au point de vue de l'intimidation, soit au point de vue de l'amendement du coupable (1).

C'est à cet ordre d'idées que se rattache le projet de loi présenté en 1884 au Sénat, et dont l'auteur, continuant de nobles traditions de famille, apporte à l'amé-

---

(1) En 1878, le Congrès pénitentiaire international de Stockolm a indiqué, à l'unanimité, comme moyen de combattre la récidive, l'emploi moins fréquent des peines de courte durée contre les délinquants d'habitude.

lioration du système pénitentiaire l'autorité incontestée que donnent le talent, une généreuse ardeur pour le bien, un caractère respecté et l'expérience acquise dans l'exercice de hautes fonctions judiciaires.

La loi qu'il propose a pour but de rendre les peines correctionnelles moins fréquentes, soit en ajoutant à leur sévérité quand elles frappent un malfaiteur présumé à bon droit incorrigible, soit en laissant une plus grande latitude à l'indulgence lorsque le juge se trouve en présence d'un coupable dont il est en droit d'espérer le relèvement. Contre le premier la Société n'a d'autre moyen de défense que l'intimidation : elle résultera de la certitude d'un châtiment rigoureux en cas de récidive. Pour le second, on trouvera souvent la plus sûre garantie contre une rechute dans la faculté de lui accorder, avant toute exécution de la peine, cette libération conditionnelle qui, déjà maintenant, peut intervenir, après un certain temps d'épreuve, comme récompense de l'amendement constaté (1).

Nous n'examinerons la question qu'à ce dernier point de vue. Il nous faudra l'apprécier d'abord d'une ma-

---

(1) La libération conditionnelle, admise d'abord, en 1832, par mesure administrative pour les jeunes détenus de la petite Roquette, et par la loi du 5 août 1850 pour ceux des colonies pénitentiaires, a été établie d'une manière générale par la loi du 14 avril 1885, comme moyen de récompenser le condamné à plus de 6 mois de prison, qui a subi la moitié de sa peine. Elle est adoptée depuis longtemps à peu près partout, en Amérique et en Europe comme base de l'organisation pénitentiaire, mais après une détention assez prolongée. En Angleterre elle constitue un droit absolu pour le détenu qui a mérité, par sa conduite et son travail, le nombre de points fixés par les règlements ; partout ailleurs, elle est facultative pour l'administration.

nière générale, pour rechercher si les motifs invoqués à l'appui de cette innovation sont justifiés et si le moyen proposé est réellement le plus efficace ; puis, après avoir précisé dans quelle mesure il se concilie avec les principes de notre droit pénal, nous pourrons, arrivant aux détails, déterminer les conditions les plus propres à assurer un résultat utile sans danger pour la société.

Les considérations qu'invoque M. le sénateur Bérenger ont un double objet : d'une part le peu de perversité morale que dénote souvent une première faute ; d'autre part la certitude que l'emprisonnement, quand il est superflu au point de vue de l'amendement, aggrave presque fatalement la démoralisation du condamné.

On ne saurait méconnaître combien elles sont justifiées.

Je n'ai qu'à invoquer l'expérience de chaque jour pour être en droit d'affirmer que, parmi ceux qui comparaissent pour la première fois devant la justice et que frappe nécessairement une condamnation, il en est plus d'un dont la faute est à peine appréciable ou peut être considérée comme une sorte d'accident.

Parfois il s'agit d'un jeune homme qui a dépassé à peine l'âge où la loi elle-même reconnaît l'insuffisance de la responsabilité morale. Entre le jour où il eût, comme enfant, encouru une simple mesure de correction, et le lendemain, où il est présumé absolument conscient de ses actes, que s'est-il passé qui ait agrandi sensiblement les lumières de sa raison ? Est-il impossible que le délit qu'il a commis soit dû moins à une volonté arrêtée qu'à un retard dans le développement du sens moral.

Ne peut-on rencontrer des prévenus plus intéressants encore, atteints par une présomption légale dont ils ne justifient qu'en partie la sévérité ? Le vagabond est puni comme convaincu d'une paresse incorrigible qui le rend dangereux. N'arrive-t-il jamais qu'il soit coupable seulement de quelque indolence, et que, dans un pays où n'existent pas des établissements toujours ouverts à l'ouvrier inoccupé (1), il ait eu quelque difficulté à faire accepter son travail ? Qui oserait affirmer que celui qui souffre trouve partout une assistance immédiate, et que jamais la faim n'a dans quelque mesure excusé la mendicité, — qui sait ! peut-être un léger larcin !

Dans des circonstances plus graves, celui que vous avez à punir est un homme qui, après une vie irréprochable, cédant à un de ces entraînements dont la passion ou les préjugés dissimulent en partie le caractère, a violé les lois qui garantissent la sécurité des individus ou les nécessités de la morale publique. Une faute irréfléchie l'a-t-elle si complètement transformé que le repentir ne suffise parfois à le relever ?

---

(1) On ne trouve pas en France, en dehors de rares établissements dus à l'initiative privée, de *maisons de travail libre* où une occupation soit offerte à l'homme valide, temporairement sans ressources, en échange de la nourriture et d'un abri. La répression de la mendicité est ainsi basée sur une présomption parfois insuffisamment justifiée. Il en est autrement dans d'autres pays, où existent : en Angleterre, les Workhouses ; en Hollande, des colonies libres de travailleurs ; en Allemagne, depuis 1880, vingt colonies et mille stations de logements, où un certain travail est exigé en retour de l'hospitalité reçue. (Voir *Bulletin de la Soc. gén. des Prisons*, 1889, p. 780.

Ne cherchons pas d'autres hypothèses : quelque rares qu'on les suppose, elles justifient ce qui sera fait pour sauvegarder l'avenir de malheureux dont les uns sont à peine coupables, et dont les autres le sont devenus trop brusquement pour ne pas regretter amèrement leur chute.

Pour cette catégorie de prévenus l'exécution de la condamnation n'a d'autre utilité que l'exemple. Plus que les souffrances matérielles le sentiment de leur déchéance morale suffit à les punir, et une seule chose est nécessaire pour les sauver : Empêcher que le fossé qui les sépare de leur passé devienne plus profond, ou que, soumis à des influences perverses, ils oublient leur résolution de réparer un moment d'erreur.

Malheureusement, l'expérience l'a trop prouvé, l'emprisonnement, tel qu'il est subi, aggrave la corruption du détenu, au lieu de le corriger. Le mal est tellement notoire qu'il peut être constaté sans inconvénient. Ce n'est pas impunément que le condamné subit la vie en commun avec des individus définitivement vicieux dont les railleries arrêtent l'expression de son repentir, dont les confidences, les suggestions, les exemples l'attirent fatalement dans la voie dont il aurait voulu d'abord s'écarter. Qui ne sait d'ailleurs que ces influences survivent pour lui à la promiscuité de la prison ! A peine libéré, il retrouvera ses anciens compagnons de détention, lui imposant leur camaraderie compromettante, le poussant à les imiter, rendant stériles ses efforts pour réparer le passé. Admettons qu'il surmonte ces causes de récidive : N'en trouve-t-il pas d'autres, plus graves encore, dans le sentiment humilié de sa déchéance, dans la défiance dont il est l'objet, moins peut-être à raison de sa faute que de ce préjugé qui fait considérer comme flétri irrémédiablement celui qui a franchi le seuil de la prison : toutes les portes se fermant devant lui, à l'atelier où il travaillait autrefois, comme à celui où, inconnu, il ne sera reçu qu'à la condition de justifier d'un passé sans reproche. Si découragé, aigri, poussé par le besoin, il renonce définitivement à la lutte, la Société comptera un ennemi de plus. A quoi le devra-t-elle ? A la peine dont le but était de moraliser le coupable et qui l'aura irrémédiablement perdu.

A un pareil mal il n'est qu'un remède efficace : la suppression de la détention en commun. Aussi la loi du 5 juin 1875 semble-t-elle avoir résolu le problème, au moins en ce qui concerne les condamnés à un emprisonnement dont la durée ne dépasse pas une année. Le régime cellulaire dont elle prescrit l'application a le double avantage d'effrayer le malfaiteur d'habitude et de se prêter à l'amendement du coupable susceptible de repentir. Malheureusement l'application régulière de ce système est remise au jour où la majeure partie des prisons départementales aura été reconstruite ou transformée...... (1) — à trois siècles, a-t-on pu dire au

---

(1) Sur les 382 prisons départementales, il est 20 maisons cellulaires en exercice ou sur le point d'être livrées, 54 autres maisons cellulaires, dont l'aménagement ne répond pas complètement aux exigences du système, enfin 54 prisons en commun qui possèdent un quartier cellulaire. Dans les premières, on compte 4,188 cellules ; dans les deux autres, 3,500 ; au total 7,688. Bien que le chiffre moyen des détenus présents dans les prisons départementales soit d'environ 23,000, il suffirait strictement de 16,000 cellules pour l'ap-

Sénat en jugeant de l'avenir par le passé. Qu'il nous soit permis, pour l'honneur du pays et notre sécurité à tous, de croire cette prédiction quelque peu pessimiste. Entre les départements auxquels incombent ces dépenses et l'Etat intéressé, même au point de vue financier, à la diminution des délits, une transaction interviendra nécessairement à bref délai (1). Des difficultés budgétaires peuvent retarder des réformes d'un intérêt secondaire ; mais il n'est pas admissible qu'elles prolongent un état de choses qui, de l'avis de tous, constitue un péril social.

Que faire, en attendant, pour le conjurer ? La réponse n'est pas douteuse : Puisque l'emprisonnement est, dans les conditions actuelles, une cause presque fatale de corruption, il faut, dans l'intérêt général, y soustraire dans la plus large mesure possible ceux qui, malgré une faute commise, paraissent n'avoir pas rompu définitivement avec la Société.

plication de l'emprisonnement individuel. En effet, on pourrait temporairement, sans graves inconvénients, se borner à des groupements par quartier pour le tiers des 300,000 individus, prévenus ou condamnés, qui sont emprisonnés chaque année, savoir : 45,000 condamnés pour contraventions de police ; 12,000 pour délits spéciaux (forêts, pêche, douanes, etc.) ; 12,000 subissant pour délits ordinaires un emprisonnement de moins de 6 jours ; 8,000 détenus pour frais de justice ; 15,000 arrêtés par voie administrative ; 13,000 attendant d'être transférés dans une prison où la peine est subie en commun. V. B. *Société des Prisons*, 1889, p. 159.

(1) Le 1er juillet 1883, le Sénat a adopté un projet de loi ayant pour but le déclassement obligatoire de toute prison ne satisfaisant pas aux conditions indispensables d'hygiène, de moralité, de bon ordre et de sécurité. Le département sera dès lors en demeure de reconstruire ou d'approprier la maison pour l'application du système cellulaire.

Pour y arriver on a proposé divers moyens, malheureusement insuffisants : L'emploi plus fréquent des peines pécuniaires ; on ne peut que le souhaiter, mais on ne saurait oublier que l'amende et l'emprisonnement correspondent, dans l'échelle usuelle des condamnations, à deux degrés différents de responsabilité ; — la faculté pour les condamnés de substituer à un emprisonnement inférieur à deux mois le paiement d'une somme d'argent ou un nombre déterminé de journées de travail (1) : ce serait remplacer une peine inflictive pour tous par une privation qui, absolument nulle pour quelques-uns, ne conserverait sa rigueur que contre les indigents.

On a été ainsi amené à se demander si le mieux ne serait pas de remplacer par une peine purement morale la peine matérielle, toutes les fois que le peu d'importance du délit et les bons antécédents du prévenu permettront de le faire sans grave inconvénient. Dans la famille le père ne sévit pas pour la première faute. Pourquoi le juge serait-il toujours nécessairement inexorable ?

Plus d'un criminaliste estime qu'il serait sans danger de préférer dans certains cas, suivant la formule des lettres de grâce, « miséricorde à rigueur de loi. » Dans notre ancien droit l'*admonition* (2) n'a cessé d'être

---

(1) Proposition de MM. Michaux, Schœlcher, Mazeau. Dans le canton de Vaux une loi du 16 mai 1875 transforme en journées de travail l'amende non acquittée en argent.

(2) « Elle consistait, dit Merlin, dans une réprimande que le juge faisait à l'inculpé, en l'avertissant d'être plus circonspect à l'avenir et de ne plus retomber dans la même faute, à peine d'être puni plus sévèrement. »

en usage pour les méfaits de peu d'importance, comme le correctif indispensable de la sévérité habituelle des peines. Elle fut écartée en 1791, subissant les effets d'une impopularité qui s'attachait moins à l'emploi fait par le juge de ce mode paternel de correction qu'à l'abus scandaleux des lettres de pardon accordées, avant toute poursuite, uniquement à la faveur.

On peut s'étonner que cette exclusion, due à l'horreur de l'arbitraire, ait été maintenue par le législateur de 1810 et surtout qu'elle ait survécu à la réforme pénale de 1832. Permettre au juge de fixer entre un maximum et un minimum la mesure de la peine, ajouter encore à ce pouvoir par les conséquences attribuées à l'admission des circonstances atténuantes, n'était-ce pas lui restituer le droit d'apprécier, avec une latitude presque illimitée, la véritable responsabilité morale du prévenu ? Il peut, sous le seul contrôle de sa conscience, substituer l'emprisonnement à des peines criminelles ou, en matière correctionnelle, le remplacer par une peine de simple police. Aurait-il davantage usé d'arbitraire, en épargnant la flétrissure d'une condamnation à l'auteur d'une infraction que les circonstances rendent parfois sans gravité appréciable au point de vue de l'intérêt social !

Sous des noms divers, admonition ou réprimande judiciaire, cette institution a été adoptée par plusieurs législations étrangères.

Tantôt on l'y rencontre, avec le caractère de peine proprement dite, principale ou accessoire, édictée pour des infractions de peu d'importance et spécialement prévues.

Tantôt elle est mise à la disposition du juge pour être substituée, par l'effet d'une sorte de grâce, à la peine légale, lorsque des circonstances exceptionnelles paraissent justifier cette faveur.

Elle a le premier de ces caractères : pour les jeunes gens de 12 à 18 ans, en Allemagne (1), et de 12 à 16 ans, dans le canton d'Appenzell (2), quand ils ont commis avec discernement un délit ou une contravention de très minime importance; pour toute personne, sans distinction d'âge : en Russie (3) où elle est édictée dans un nombre considérable de cas; en Espagne, où elle est peine correctionnelle ou de police, suivant qu'elle est subie en audience publique ou les portes fermées ; dans le canton de Vaud et à Malte.

La réprimande judiciaire affecte la seconde forme, et sert ainsi à diminuer le nombre des emprisonnements, dans les codes portugais (4) et italien (5).

---

(1) Code de 1870 art. 59. — La réprimande, sans adjonction d'autre peine, a été appliquée, en 1885, en Allemagne, à 3,830 inculpés.

(2) Code du canton d'Appenzell, art. 12 § 16.

(3) Elle existe en Russie : 1° pour délits commis par des fonctionnaires (art. 65), 2° pour délits de droit commun spécialement déterminés (art. 40), 3° enfin pour contraventions ne supposant pas l'intention de nuire et commises par négligence (art. 9 du règlement concernant les peines de simple police). Dans le projet d'un nouveau code pénal, l'admonition n'est conservée qu'à l'égard des mineurs, pour délits de droit commun, et à l'égard des fonctionnaires, pour délits spéciaux. V. rapport de M. Makarow, au congrès de Saint-Pétersbourg 1890.

(4) Code de 1886, art. 81 et 119.

(5) Code pénal de 1889, art. 26 et 27. La réprimande n'est admise que si la peine prononcée conformément à la loi ne dépasse pas un mois de détention ou d'arrêt, trois mois de domicile forcé ou 300 fr. d'amende. Si le condamné ne se présente pas au jour fixé pour la

Remarquons toutefois que, en Portugal, on se borne à admonester le coupable sans qu'il intervienne d'autre condamnation, tandis que le magistrat italien applique d'abord la peine ordinaire et indique ensuite qu'elle sera remplacée par la réprimande. Bien plus, cette substitution n'est définitive que lorsque le prévenu, assisté au besoin de cautions solvables, s'est obligé à payer une amende déterminée dans le cas où, avant un certain délai, il commettrait un nouveau délit ou (s'il s'agit de contravention) une nouvelle contravention.

Ce n'est pas avec le caractère de peine que l'admonition pourrait être rétablie chez nous ; car, à ce titre, elle justifie, ce semble, le reproche d'être inutile et insuffisamment inflictive. Tout au plus l'admettrions-nous comme un moyen donné aux tribunaux d'écarter certains faits que leur peu d'importance réelle place manifestement en dehors des prévisions de la loi (1). Mais lorsque, s'agissant de délits qui justifient l'application d'une peine, elle constituerait en réalité le pardon, nous ne pouvons que signaler le danger d'accorder une faveur définitive en considération d'un repentir qui peut être simulé.

réprimande ou ne l'accepte pas avec respect, il subit la première peine prononcée. (Rapport de M. Pessina au congrès de Saint-Pétersbourg).

(1) Le ministère public, qui use déjà de cette faculté, a, d'après le compte de 1887, laissé sans suite 29.297 affaires parce que les faits « étaient sans gravité et n'intéressaient pas essentiellement l'ordre public. » On pourrait, en exigeant la constatation de ce motif, adopter sur ce point la proposition de MM. Michaux, Mazeau, etc., qui accorde au juge la faculté, après avoir constaté l'existence du délit, de renvoyer le prévenu de la poursuite. La question ne serait plus ainsi laissée à l'appréciation définitive du Parquet.

La législation anglaise a cherché par un autre moyen à concilier la pitié que peut mériter l'auteur d'une faute en quelque sorte accidentelle avec les nécessités de la défense sociale. Le juge ne concède pas à l'inculpé le pardon, mais il le lui promet comme récompense de sa persévérance. Lorsqu'il s'agit d'un homme qui n'a jamais été condamné et d'un délit qui n'est punissable que de deux ans de prison au maximum, on peut, la culpabilité établie, surseoir au jugement pendant un délai déterminé, à l'expiration duquel les poursuites seront définitivement abandonnées si l'inculpé n'a mérité aucun reproche. Au cas contraire la peine sera prononcée et subie (1).

On ne saurait qu'applaudir à une institution qui combine aussi ingénieusement tous les intérêts. Le magistrat peut être plus facilement généreux : car il ne craint pas d'être trompé impunément ; et d'autre part le coupable repentant est soutenu dans ses efforts, à la fois par la crainte d'un châtiment imminent et par les encouragements qu'il rencontre dans un milieu dont il ne se trouve pas séparé, même temporairement.

Il est impossible cependant de se faire illusion sur les difficultés que doit rencontrer dans la pratique l'application de ce système. Admettons qu'on arrive toujours à surveiller utilement l'inculpé pendant toute la durée de l'épreuve. Mais si celle-ci lui est défavorable, la

---

(1) Cette loi, du 7 août 1887, intitulée *Probation of first offenders act* ne s'applique qu'à l'individu domicilié et ayant des moyens d'existence assurés. Elle a été empruntée à la législation de l'Etat de Massachussetts qui, après avoir inauguré ce système pour les jeunes délinquants, en 1869, l'étendit en 1878 et 1880 aux adultes.

peine sera-t-elle exactement proportionnée au délit, alors que l'impression des débats aura été en partie effacée, les témoins dispersés, le premier juge remplacé peut-être par un autre ! De plus la condamnation elle-même ne perdra-t-elle pas en partie son caractère exemplaire, intervenant lorsque le fait qui la motive a été oublié, après avoir d'abord paru impuni ?

L'auteur du projet que le Sénat vient de discuter a cherché à éviter ces inconvénients, tout en appliquant au prévenu qui paraît susceptible d'amendement le principe de la loi anglaise, si fécond au point de vue moralisateur. On ne se bornera plus à établir la culpabilité ; la peine sera prononcée sans retard ; mais par une disposition motivée, le juge ordonnera qu'il soit sursis à l'exécution. Si, pendant le délai qui sera fixé, une nouvelle condamnation n'a pas été encourue, le jugement se trouvera annulé de plein droit avec toutes ses conséquences. Un délit est-il commis avant l'expiration de cette période, la peine différée sera exécutée aussitôt, et il en sera tenu compte, comme d'un élément de récidive, pour rendre plus sévère la seconde condamnation.

On reconnaît aisément, dans ces dispositions, l'idée élevée qui a inspiré la loi, aujourd'hui en vigueur, de la libération conditionnelle : raffermir l'énergie morale du condamné en l'invitant à conquérir lui-même son rachat ; lui donner un double stimulant, la menace permanente de la peine encourue et l'espoir d'effacer définitivement les traces de sa faute. Plus de défiance chez ceux qui l'entourent : sur la foi de la justice, ils croiront à son repentir. Plus de découragement de sa part :

on a eu confiance en lui ; il prouvera que ce n'était pas à tort, et, l'habitude de la vie honnête reprise, il sera définitivement sauvé.

Ces espérances sont-elles fondées ? On est en droit de le croire. D'ailleurs l'expérience est commencée en quelque sorte sous nos yeux, chez un peuple voisin qui s'est hâté d'agir tandis que nous discutions. Depuis deux ans déjà, la proposition de M. Bérenger est devenue une loi (1) en Belgique, et, sur 284,279 individus condamnés, soit par les tribunaux correctionnels, soit par les tribunaux de simple police, du 10 juin 1888 au 31 décembre 1889, 13,195 (2) en ont bénéficié, et 246 sursis seulement ont dû être révoqués. Si ces résultats ne peuvent être absolument concluants, alors qu'ils portent sur une période d'une durée relativement restreinte, ils sont néanmoins, ce semble, de nature à rassurer (3).

Eh bien, soit, dira-t-on, admettons que le moyen est efficace pour l'amélioration du coupable. Est-ce une raison suffisante pour y avoir recours ? Qu'importe qu'il sauve quelques hommes qui auraient été perdus

---

(1) Loi du 31 mai 1888.

(2) Les tribunaux correct. ont prononcé 61,787 jugements, sur lesquels 8,696 conditionnellement : il y a eu 192 rechutes. Les tribunaux de simple police, 222,492, sur lesquels 4,499 avec sursis,— 54 rechutes constatées (statistique présentée à la chambre des représentants, séance du 17 mai 1890).

(3) Le gouvernement autrichien a présenté, le 29 mai 1889, un projet conçu en termes analogues à ceux de la loi belge, exigeant toutefois qu'à la fin de l'épreuve, le tribunal intervienne pour abroger la peine suspendue.

pour la Société, si son emploi est contraire à la fois aux exigences de la justice et aux conditions sans lesquelles le châtiment perd son utilité au point de vue de l'intérêt général!

La peine doit être inflictive ; la morale l'exige. Vouloir que l'homme qui a violé un devoir puisse être exonéré de toute répression, c'est admettre un résultat contre lequel la conscience proteste nécessairement.

D'autre part la peine doit être exemplaire ; or elle n'a ce caractère que par l'intimidation qu'elle produit, et elle le perd si son exécution ne suit pas immédiatement la constatation de la culpabilité. Que gagnera-t-on à enlever quelques recrues à l'armée du mal si, pour y arriver, on rend plus entreprenants les ennemis déclarés de la Société. En se préoccupant outre mesure de l'intérêt de quelques-uns, n'aura-t-on pas compromis l'intérêt de tous ?

On a répondu à la première de ces critiques en observant avec raison que la menace d'un châtiment précis et toujours imminent constitue une peine, du domaine moral, il est vrai, mais assurément sérieuse si elle remplit cette condition de se prolonger pendant une durée relativement considérable. On pourrait ajouter que, d'après les principes de notre droit moderne, le caractère rigoureux de la peine ne répond qu'accessoirement à une idée d'expiation. « La punition, a-
« t-on dit avec vérité (1), n'est point chargée de régler le
« compte de l'homme avec la loi morale, ni d'égaler

---

(1) Discours et récits de M. le duc de Broglie. — Du droit de punir.

« les souffrances à la perversité des actes. Qu'elle pré-
« vienne les plus importants des actes pervers, qu'elle
« les prévienne au degré suffisant pour le maintien de
« la paix, pour l'essor du perfectionnement individuel
« et social, voilà son œuvre. » Sans doute, la société ne
pourra atteindre que des actes prohibés par la conscience ; car, suivant l'énergique expression de Guizot,
« le châtiment n'a droit que sur le crime » ; mais, dans
cette mesure, son intérêt seul justifie et limite son
droit. On peut, dès lors, en interprétant cet intérêt,
modifier la peine dans sa rigueur ou dans sa durée
quand il paraît plus utile de pardonner que de frapper.

Mais cette transformation de la répression sera-t-elle
réellement utile? Nous rencontrons ici la seconde
objection, et, il faut l'avouer, elle nous touche davantage. L'impression produite par la peine, non seulement sur le coupable, mais encore sur les tiers qui
seraient tentés de l'imiter, est le plus sûr moyen de
réparer le trouble résultant du délit. Le rapporteur de
la commission le constatait lui-même : « Le danger
social ne consiste pas uniquement dans la possibilité
des rechutes. Il est encore, et peut-être surtout dans
l'exemple, c'est-à-dire dans les conséquences qui seront
tirées du jugement. » Or, il est difficile d'en douter :
Infliger un châtiment conditionnellement, c'est lui
enlever à cet égard une partie de son efficacité. Vainement distinguerait-on entre la condamnation elle-même et son exécution, la première devant suffire à
l'intimidation, la seconde n'ayant qu'une importance
secondaire. La raison accepte difficilement une pareille
affirmation. La plupart s'attacheront peu à la peine

prononcée s'ils apprennent en même temps qu'elle ne sera subie qu'éventuellement et comme châtiment accessoire d'une nouvelle faute. Malgré les termes du jugement, personne ne dira : « Le coupable a été puni. » On dira : « Il a obtenu son pardon. »

Faut-il donc en conclure que cette innovation constitue nécessairement un danger (1)? Non, mais qu'elle ne doit être admise que dans les cas où la grâce immédiate pourrait intervenir sans de sérieux inconvénients. Réduite à ces limites, la loi projetée échappera à la critique, puisqu'elle ne sera appliquée que dans des circonstances où le désordre causé par le délit est peu considérable, et où la société a moins d'intérêt à la certitude et à la notoriété de la répression qu'à la régénération du coupable.

Mais, dira-t-on peut-être, s'il en est ainsi, qu'est-il besoin de modifier les dispositions de notre loi pénale! L'exercice du droit de grâce suffira. Que l'on recommande à la clémence du Chef de l'Etat le condamné auquel aurait été accordé un sursis pour mériter sa

(1) La question a été posée en ces termes au congrès de Saint-Pétersbourg : « La condamnation conditionnelle est-elle admissible ; pour les délits, pour les contraventions? Dans la définition des actes criminels qui devraient être châtiés par la condamnation conditionnelle, ne faut-il pas que le législateur ait en vue les intérêts de la sécurité sociale, ceux de la partie lésée, de même que la conscience publique d'un châtiment mérité pour toute action attentant à l'ordre légal ? » Le bulletin du 24 juillet 1890 ajoute : « Après discussion dans le sein de la section et dans l'assemblée générale, le congrès a déclaré vouloir réserver la question. » MM. Prins, Woulffert, Dreyfus, Canonico et Pessina s'étaient, dans la section, déclarés partisans de la condamnation conditionnelle, que d'autres repoussaient comme ne présentant que l'ombre d'une peine.

libération. La peine sera remise sous la condition expresse qu'une nouvelle condamnation n'interviendra pas dans un délai déterminé.

S'il y avait quelque intérêt à discuter en théorie une question qui semble avoir, en Belgique, passionné un moment les débats parlementaires, je dirais volontiers que l'essence même du droit de grâce, la haute personnalité de celui qui l'exerce et les motifs qui le lui ont fait conférer s'opposent à ce que cette prérogative se manifeste autrement que par la remise immédiate et définitive de tout ou partie de la peine. La grâce s'impose, et ce serait la dénaturer qu'admettre qu'elle pût être discutée ou perdue par celui qui en est l'objet. De plus, on risque de la compromettre en l'employant comme un rouage habituel de l'organisation pénitentiaire. D'ailleurs, en serait-il autrement, il faudrait néanmoins repousser un pareil moyen, dans l'intérêt de tous. L'enquête préliminaire qui précède la grâce n'équivaudra jamais à l'appréciation du magistrat qui décide sous l'impression immédiate des renseignements et des témoignages apportés aux débats. Enfin, si le jugement est motivé, le décret qui gracie ne l'est pas, et laisse dès lors le champ ouvert à toutes les interprétations. Les uns l'expliqueront par un excès de sévérité à corriger : le juge sera diminué et la condamnation perdra une partie de son efficacité. D'autres l'attribueront à la faveur, et celui qui en bénéficie sera privé de l'avantage que lui aurait donné la constatation publique de son honorabilité passée et des circonstances qui permettent de croire à la réalité de son repentir.

Il reste à se demander si en permettant au tribunal

d'accorder au condamné la remise conditionnelle de la peine, on ne consacre pas au profit des magistrats un empiètement sur des droits que nos lois constitutionnelles placent en dehors de leurs attributions. On pourrait le craindre si cette disposition devait intervenir après le jugement et pour en modifier les effets, ce qui est le propre de la grâce ; mais il n'en est pas de même ici : la condamnation n'a été prononcée que conditionnellement, et surseoir à l'exécution de la peine, c'est exécuter la décision judiciaire, telle qu'elle a été rendue.

Le principe de la condamnation conditionnelle ne présente donc, à un point de vue général, rien qui soit contraire aux règles de notre législation. Mais c'est moins en lui-même qu'il convient de l'examiner à cet égard que dans son application. Aussi nous reste-t-il à préciser dans quelles conditions le sursis pourra être accordé et à déterminer quels en seront les effets.

Les conditions se réduisent à deux, correspondant à la double présomption qui explique le sursis : En ce qui concerne la condamnation, qu'il s'agisse d'une peine à l'emprisonnement, et que le délit qui l'a motivée ne soit pas assez grave pour rendre l'exécution nécessaire à l'intérêt général ; en ce qui concerne l'inculpé, que son passé ne contredise pas d'avance ses protestations de repentir.

Les considérations qui justifient une mesure aussi exceptionnelle ne s'appliquent évidemment qu'aux condamnations à l'emprisonnement. Celles-ci ont seules, dans l'opinion, ce caractère infamant qui marque le coupable d'une flétrissure sous le poids de laquelle son énergie morale peut succomber irrémédiablement ; et d'autre part, c'est uniquement dans leur exécution que se rencontrent les dangers que nous avons signalés.

Aussi comprenons-nous la résistance énergique qu'à provoquée la proposition d'autoriser le sursis pour les condamnations à une simple amende. Il est en effet difficile d'affirmer que, dans ce cas, la crainte d'une exécution éventuelle constitue une peine appréciable ou un moyen sérieux d'amendement.

Au surplus ce qu'a admis le Sénat, pour l'individu condamné à une amende, ce n'est pas la suspension du jugement, mais la faculté donnée au juge de lui attribuer certains avantages que la nouvelle loi accorde, après la période d'épreuve, à celui qui n'a été puni que conditionnellement. Cette disposition s'explique par des considérations d'équité ; mais il serait difficile peut-être de la justifier autrement. Sans doute on peut s'étonner que, deux inculpés offrant les mêmes garanties de repentir et ayant encouru, l'un une peine d'emprisonnement, l'autre une simple amende, la condamnation ne puisse être effacée du casier judiciaire qu'au profit de celui qui a été considéré comme le plus coupable. Ce n'en est pas moins en dehors de l'intervention du juge que la difficulté doit être résolue : dès qu'il ne s'agit plus de surseoir à l'exécution, on ne comprend pas quels motifs celui-ci pourrait invoquer pour distinguer entre divers inculpés qu'il condamne également à l'amende, et pour assurer d'avance à l'un des avantages que l'autre n'obtiendrait pas en justifiant cependant qu'il a rempli les mêmes conditions.

Toute condamnation à l'emprisonnemeut pourra-t-elle être prononcée conditionnellement? On l'a fait admettre en invoquant l'intérêt de l'inculpé. Nous n'avons pas à expliquer de nouveau combien cette solution, si elle devenait définitive, serait contraire aux exigences de l'intérêt général, toutes les fois que le délit peut être présumé assez grave pour avoir troublé sérieusement l'ordre social.

Cette présomption résulte tantôt de l'appréciation faite par le législateur lui-même, tantôt de celle que formule le juge.

Elle est imposée par le législateur quand l'infraction, telle qu'elle est précisée par le jury, constitue un crime; par le juge, lorsque s'agissant d'un délit, il a cru nécessaire d'infliger une peine relativement élevée.

N'est-ce pas là l'application nécessaire des principes juridiques, conforme à la théorie de nos codes, qu'il faut bien accepter comme guides tant qu'ils n'auront pas été modifiés, conforme aussi, disons-le, aux données de l'expérience !

En ce qui concerne les crimes, pourquoi distinguerait-on, suivant la nature de la peine prononcée? Pour établir la gravité du fait, il suffit de la qualification qu'il a reçue de la loi, et il importe peu que, grâce à des circonstances atténuantes qui n'en modifient pas la nature, le coupable n'ait encouru qu'une condamnation à l'emprisonnement.

Quant aux délits, à moins de prétendre que, à leur égard, le caractère exemplaire de la peine est superflu, il est nécessaire de fixer une limite au delà de laquelle les considérations personnelles à l'inculpé doivent s'arrêter devant les exigences supérieures de l'intérêt public.

— 32 —

C'est en s'inspirant de ces motifs que la Belgique a restreint l'application facultative du sursis aux condamnations infligeant un emprisonnement dont la durée n'excède pas six mois. Dans la discussion personne ne trouva cette disposition insuffisante ; quelques-uns la jugèrent téméraire. La société générale des prisons, dont on ne saurait nier la compétence, la limite aux peines inférieures à un mois (1) ; un projet de loi soumis à la Chambre des députés par MM. Reybert et Bourgeois admet un maximum de trois mois. Si nous devons nous avancer aussi loin, du moins n'allons pas au delà. Nous nous placerions en dehors de la vérité, telle que l'expérience la révèle tous les jours (2). Quand le juge qui, en condamnant, se préoccupe aussi bien de la responsabilité morale du coupable que de la gravité intrinsèque du délit, a, pour une première faute, fixé à trois mois d'emprisonnement une peine qu'il ne tenait qu'à lui de réduire à une amende minime, sa décision ne peut être expliquée autrement que par la nécessité d'un châtiment exemplaire. S'il est des circonstances particulières qui justifient une faveur, la grâce interviendra ; mais gardons-nous d'admettre, en prévision d'une situation exceptionnelle, une règle générale dont l'application compromettrait les bienfaits de la loi proposée.

(1) Bulletin 1888, p. 147.
(2) Les éléments de la statistique ne permettent pas de préciser le nombre des condamnations annuelles à plus de trois mois d'emprisonnement. On peut cependant comprendre la gravité relative des délits qu'elles concernent en constatant que, en 1887, sur 167,128 individus condamnés à l'emprisonnement par les tribunaux correctionnels, 4,288 seulement, parmi lesquels 1,435 récidivistes, ont encouru une peine supérieure à un an.

A un point de vue différent le texte du projet en discussion serait utilement complété pour éviter une interprétation restrictive évidemment contraire à l'intention de son auteur. En indiquant les conditions auxquelles le bénéfice du sursis pourra être sollicité ou perdu, on paraît n'avoir prévu que les condamnations prononcées pour délits de droit commun, par les tribunaux correctionnels. Evidemment, en effet, c'est à celles-là seulement que s'applique cette disposition qu'il ne sera pas tenu compte des peines encourues pour délits spéciaux ou pour contraventions de simple police. Faut-il en conclure que la nouvelle loi ne concerne pas ces dernières infractions ? Ce n'est pas admissible, alors que, par leur nombre (1) et par leur caractère, qui n'implique aucune présomption de perversité morale, elles appellent tout spécialement l'intérêt. Il importerait donc de préciser, en ce qui les concerne, les conditions, nécessairement différentes, dans lesquelles le sursis pourra être accordé ou sera annulé.

Il nous reste à déterminer quels inculpés seront admis à solliciter les avantages de la nouvelle loi.

Tout le monde s'accorde à reconnaître que ceux-là seuls pourront les obtenir qui n'auront pas encore encouru la peine de l'emprisonnement. Sans doute toute condamnation n'implique par une démoralisation définitive ; mais le législateur ne procède que par dispositions générales, et c'est avec raison qu'on refuse de considérer la peine matérielle comme inutile pour

(1) En 1887, les tribunaux de simple police ont prononcé 53,817 condamnations à l'emprisonnement.

celui qu'un premier châtiment n'a pas préservé d'une rechute. On satisfait à toutes les exigences légitimes en ne tenant compte, dans l'appréciation du passé, pour l'individu coupable d'un délit, ni de l'amende ni des peines encourues pour contraventions de police ou pour infractions autres que celles de droit commun.

Il n'en résulte pas cependant que le bénéfice du sursis appartienne indistinctement à tout inculpé que n'aura pas encore frappé la justice. Ce serait, comme on l'a remarqué, assurer à chacun la faculté de commettre, une fois, un délit impunément. Le but même de la condamnation conditionnelle suffit à indiquer à qui elle pourra être appliquée : à celui pour lequel l'exécution matérielle de la peine paraîtra superflue, soit parce qu'il sera suffisamment atteint par la flétrissure morale de la condamnation, soit parce qu'on se croira fondé à considérer son amendement comme étant dès maintenant assuré.

Mais ce choix n'aboutit-il pas à l'arbitraire du juge ? ne consacre-t-il pas une inexplicable inégalité entre deux condamnés dont la responsabilité doit être présumée identique puisqu'elle a paru mériter le même châtiment ?

On peut observer que l'inégalité est plus apparente que réelle : la peine qui, dans l'opinion du magistrat, est en rapport avec le délit commis, c'est celle qu'il a réellement prononcée, telle qu'elle résulte de la condamnation conditionnelle ; ce n'est pas celle qui devrait être subie si les données qui ont servi de base à son appréciation venaient à être démenties.

Il n'y a pas davantage d'arbitraire si par ce mot,

dont il est si commun d'abuser, on entend la possibilité d'agir en dehors de règles formellement tracées par la loi. L'appréciation que fera le juge, elle sera délicate, difficile, exigeant d'autant plus de scrupule et d'indépendance qu'elle l'exposera à plus de critiques. Mais c'est la loi elle-même qui la lui impose, tout en lui laissant la liberté de décider. Trouve-t-on excessive cette confiance? Je répondrai sans hésiter : elle est d'une manière générale la condition indispensable de sa mission, et ne pourrait jamais lui être mesurée sans danger. Nous le savons, il n'est que trop commun, parmi ceux qui ne sont pas aux prises avec la réalité, de s'élever, suivant des idées préconçues, tantôt contre la faiblesse, tantôt contre la sévérité des magistrats. Que des erreurs soient possibles, qui s'en étonnerait! Mais, pour celui qui, à un titre quelconque, est associé à leur haute mission, il ne saurait être douteux que plus on resserre les limites dans lesquelles s'exerce leur pouvoir, plus on compromet l'équité de leurs décisions. Nous apprécions à la fois le danger de certains faits et la perversité des coupables. Le législateur peut à bon droit signaler la gravité des infractions au point de vue de l'intérêt social; mais qui peut dire d'avance quelle est la responsabilité morale des inculpés! Pour découvrir celle-ci, les présomptions les plus légitimes sont insuffisantes. C'est en recherchant les mobiles auxquels l'agent a obéi, en tenant compte des entraînements qu'il a subis et des résistances qu'il a dû vaincre, en rapprochant en quelque sorte notre conscience de la sienne, en un mot en le jugeant humainement, avec notre raison et notre cœur, que nous pouvons décider dans quelle mesure il a été répréhensible. Pourquoi dès lors ces recherches qui s'imposent au juge pour déterminer la peine ne lui permettraient-elles pas de reconnaître si l'exécution en est nécessaire, ou si l'on peut, sans imprudence, accorder au condamné le bénéfice du sursis !

La faveur de la condamnation conditionnelle, s'expliquant par le repentir présumé du prévenu, devra naturellement être retirée si celui-ci commet une nouvelle faute, assez grave pour prouver que l'amendement n'était qu'apparent, assez établie pour que toute crainte d'arbitraire se trouve écartée. On se conforme à ces exigences en subordonnant la déchéance à une seconde condamnation entraînant une peine d'emprisonnement pour délit de droit commun.

C'est ainsi à la même autorité envers laquelle l'engagement avait été pris que revient le soin de constater qu'il n'a pas été tenu.

Il eût été cependant excessif de maintenir d'une manière indéfinie la menace qui pèse sur le condamné. Aussi la libération définitive sera-t-elle acquise de plein droit lorsqu'il se sera écoulé un délai suffisant pour que le retour au bien paraisse assuré. Quel que soit ce délai, il n'est pas douteux que sa durée doit être relativement considérable. Cette condition est nécessaire pour que l'épreuve soit sérieuse, et davantage encore pour que, à défaut de la peine matérielle, le condamné trouve dans la situation qui lui est faite un véritable châtiment. La loi pouvait laisser aux magistrats le droit de la déterminer ou l'indiquer elle-même. En Belgique, le premier système a prévalu ; le Sénat a préféré le second, adoptant, par un rapprochement assurément justifié, le terme de cinq années après lequel la loi considère, en matière correctionnelle, l'exécution de la peine comme désormais inutile à la société. On arriverait peut-être à concilier les avantages des deux et à appliquer plus complètement les règles de la prescription, en admettant le délai de cinq ans ou celui de deux ans, suivant que la peine prononcée conditionnellement aura été ou non supérieure à cinq jours d'emprisonnement. Ce serait à la fois prévenir, comme on l'a voulu, de regrettables divergences d'appréciation et établir une différence légitime entre des condamnés qui ne peuvent être considérés comme également pervertis (1).

Nous aurons complètement rempli notre tâche lorsque nous aurons précisé quelle sera la situation des condamnés soit pendant la période d'épreuve, soit à son expiration.

Tant que le délai fixé par la loi n'est pas accompli, cette situation reste nécessairement telle que l'a faite le jugement qui a constaté la culpabilité. Le sursis accordé ne concerne que l'exécution de la peine d'emprisonnement, la seule dont les inconvénients ont motivé cette

---

(1) D'après le projet de loi du gouvernement autrichien le délai pour que la peine soit « considérée comme subie » est fixé par le tribunal, mais ne peut dépasser 3 ans. — (Rapport de M. de Kirchenheim au congrès de Saint-Pétersbourg). — La durée de l'engagement de la caution qui, en Italie, garantit la bonne conduite du condamné réprimandé est différente suivant qu'il s'agit de délit ou de contravention.

faveur. Le condamné paiera donc les frais et l'amende ou les dommages-intérêts, s'il en a été accordé, et les déchéances qu'il pourrait avoir encourues, soit de plein droit, soit par l'effet d'une disposition spéciale, produiront immédiatement leur effet.

On s'est récrié contre ce dernier résultat. Soumettre le condamné à des incapacités qui rappellent sa faute n'est-ce pas rendre ses efforts plus difficiles? Le meilleur moyen pour lui permettre de reprendre sa place dans la société, ne serait-il pas de le traiter en honnête homme! — Honnête homme stagiaire, a-t-on spirituellement répliqué. Et en effet, peut-il être autre chose? On l'admet à prouver la réalité de son repentir et à gagner sa libération. Mais jusque-là, qu'est-il? Juridiquement, un condamné, et les incapacités sont l'accessoire de la condamnation, non de l'emprisonnement ; moralement, un coupable, et c'est à sa culpabilité qu'a été attachée dans certains cas une présomption d'indignité, moins pour le frapper personnellement que pour sauvegarder l'intérêt d'autrui. Qu'on le relève de cette présomption quand il aura prouvé qu'elle n'était pas justifiée, soit ; mais attendons que cette preuve soit faite pour lui en attribuer le bénéfice.

Au surplus, on s'efforcerait en vain d'imposer l'oubli immédiat de la faute commise. Est-ce possible au lendemain du jour où elle a été proclamée publiquement et quand tout la rappelle : le ressentiment de celui qui en a souffert, le retentissement des débats, la notoriété du jugement? Vouloir à ce point suspendre l'exécution de la peine, ce serait le plus souvent accepter un scandale contre lequel un orateur formulait, au nom de la conscience publique, une protestation éloquente qui a entraîné le Sénat.

On ne peut d'ailleurs se faire illusion : En exagérant ainsi l'indulgence, on irait à l'encontre du principe même sans lequel la loi proposée se heurte à l'intérêt social. Que resterait-il à la peine de ce caractère exemplaire qu'on ne saurait sacrifier impunément ! Si avec la flétrissure de la prison on enlève au coupable jusqu'à l'apparence d'une infériorité vis-à-vis de ceux qui n'ont pas failli, où sera l'intimidation ? Disons plus, où sera la justice ?

Réservons ces faveurs pour le jour où le condamné aura prouvé qu'il en est digne, en arrivant sans rechute à la fin de l'épreuve qui lui était imposée

A ce moment, quelle sera sa récompense ? La peine principale purgée définitivement, les peines accessoires, les déchéances civiles ou politiques effacées : il rentre dans les conditions du droit commun, et, pour écarter de lui tout obstacle, la condamnation ne sera plus mentionnée sur les certificats que chacun peut demander aux dépositaires des archives judiciaires pour attester l'honorabilité de son passé : c'est le pardon complet.

« C'est plus que cela, a-t-on dit : à l'égard de tous, même à l'égard de la Justice, la condamnation sera comme non avenue. » N'y a-t-il là qu'une question de mots ? En aucune façon. Entre l'annulation des peines, même dans la plus large mesure, et l'annulation de la condamnation, la différence est considérable. Admettre cette dernière solution, comme l'a fait le Sénat, c'est, à un point de vue moral, assimiler complètement la situation du condamné conditionnel à celle de l'homme qui a obtenu sa réhabilitation; c'est, à un point de vue pratique, l'affranchir des peines de la récidive, dans le cas où il commettrait de nouveaux délits. On comprend que cette double considération ait paru sans importance au législateur belge, auquel la formule a été empruntée ; car pour lui la réhabilitation n'est que la grâce accordée avec des effets plus étendus, et une peine inférieure à six mois d'emprisonnement n'est jamais une cause d'aggravation. Mais la situation est tout autre chez nous, soit à raison du caractère attribué à la réhabilitation, soit à raison des conséquences que la récidive entraînera désormais, quelle qu'ait été la durée des peines antérieurement encourues.

Aussi me sera-t-il permis, avant que le projet ait reçu le caractère que lui donnera une discussion définitive, d'insister sur les dangers d'une générosité poussée à l'excès. En le faisant, c'est notre législation elle-même que je défends dans la plus élevée, la plus utile, la plus juste de ses institutions.

Qu'est donc cette réhabilitation dont on propose de prodiguer ainsi le bienfait? Aujourd'hui, comme dans notre ancien droit, elle a pour principal caractère d'être avant tout la constatation de l'honneur recouvré, de rendre officiellement au condamné la situation morale dont sa faute l'avait fait déchoir et qu'il a regagnée par une conduite exemplaire. « On le réhabilite dans sa réputation » — « on le rétablit en sa bonne fame et renommée, » disent nos anciens jurisconsultes, — et, pour eux, la restitution légale des droits qu'il avait perdus n'est que la conséquence de ce qu'il s'est relevé de l'indignité primitivement constatée. L'Assemblée nationale avait accentué encore ce caractère par la rigueur des preuves exigées, par la solennité des formes employées, par les termes mêmes de la formule prescrite : « Sur l'attestation et la demande de votre pays, la loi et le tribunal effacent la tache de votre crime. » Le Code a supprimé un appareil quelque peu théâtral, propre à rebuter plus qu'à encourager le condamné ; mais il a conservé à la réhabilitation sa nature spéciale en la soumettant aux mêmes conditions. Les modifications apportées par une loi récente ont eu pour principal but d'affirmer qu'elle est avant tout la consécration d'un droit. Aussi est-ce désormais à la justice seule qu'il appartient d'en contrôler les titres allégués, et elle le fait avec une sévérité qu'atteste suffisamment la proportion des demandes rejetées (1).

Pourquoi ces exigences? Le rapporteur de la loi de 1885 l'explique : « Il n'y a, dit-il, que deux manières de
« comprendre la réhabilitation : l'assimiler à la grâce
« et alors supprimer comme inutiles les conditions, les
« formalités, la procédure. Le pouvoir du chef de l'Etat
« suffit en effet à tout : c'est ce qu'admet la législation
« belge... — ou bien la subordonner à des conditions
« rigoureuses, la rendre difficile et dure, ne l'admettre
« que sur la justification sévèrement contrôlée des rè-
« gles imposées, mais alors en faire un droit et placer
« l'exercice de ce droit sous la protection de la Justice :
« toute solution intermédiaire est illogique et fausse. »

On ne pouvait mieux dire pour justifier les effets de

---

(1) En 1887, il n'a été admis que 1,518 demandes sur 1,888 présentées. La Cour de Dijon, en 1889, en a accueilli 49 et rejeté 24.

la réhabilitation véritable ; mais les mêmes motifs suffisent pour repousser l'assimilation demandée aujourd'hui au profit de l'individu qui a été condamné conditionnellement.

De lui en effet quelles garanties exige-t-on ? Aucune. Comme preuve de son relèvement moral, on sait qu'il n'a pas subi une nouvelle condamnation à l'emprisonnement pour délit de droit commun. Peut-être a-t-il été une cause permanente de scandale par ses mœurs, par son intempérance ; peut-être a-t-il accumulé ces menus méfaits qui ne rendent passible que de l'amende ou des peines de simple police. S'il n'avait joui que de la libération conditionnelle, on lui en eût sûrement retiré le bienfait ; il n'a acquitté ni les frais ni les dommages-intérêts (1). Et cependant à cet homme on accorderait tout ce qu'obtient celui qui a justifié sous le contrôle le plus rigoureux d'une conduite irréprochable et qui, peut-être au prix de douloureuses privations, a réparé intégralement envers l'Etat et envers la partie lésée les conséquences de sa faute. Un pareil résultat ne peut être admis. Repoussons-le dans l'intérêt de cette réhabilitation, la vraie, qui est, comme on l'a dit avec raison, le but passionné des âmes réellement repentantes, et qui perdrait son caractère élevé en étant accordée dans des conditions aussi inégales.

Repoussons-le également dans l'intérêt de la sécurité sociale. La réhabilitation, jusqu'au jour où le droit de

---

(1) Au congrès de Saint-Pétersbourg, M. Garofule a proposé que, lorsqu'il y a une partie lésée, le sursis ne soit accordé que lorsqu'il y a eu réparation par le paiement des dommages-intérêts alloués ou convenus entre les parties.

la prononcer a été attribué à l'autorité judiciaire, n'empêchait pas, malgré les garanties qui l'entouraient, l'application des règles de la récidive. « Mesure à la fois de clémence et de justice, disait M. le sénateur Humbert, ce n'est pas au profit des indignes qu'elle doit produire ses effets. Si ceux qui en ont bénéficié commettent de nouvelles fautes, ils sont plus coupables que les autres récidivistes ; car on peut leur reprocher leur hypocrisie en même temps que leur perversité. » Ces motifs devaient céder devant le caractère nécessairement définitif d'un arrêt, mais ils conservent toute leur valeur à l'égard du condamné conditionnellement qui n'a prouvé son repentir qu'en ne commettant pas de nouveaux délits pendant quelques années.

Pour établir la différence nécessaire entre deux situations aussi inégales, il suffirait d'une modification dans le texte adopté. Retenus sans doute par les principes que nous venons de rappeler, les auteurs des deux projets soumis au Sénat s'étaient bornés, dans leur rédaction primitive, à réclamer la remise définitive des peines, principales et accessoires (1). M. Bérenger ajoutait que la peine ainsi purgée serait, au point de vue de la réhabilitation à obtenir, assimilée à la peine subie. C'était indiquer la véritable solution : l'annulation de la condamnation, réclamée et obtenue comme un droit par l'homme qui a fait constater par la justice sa régénération morale ; la remise de la peine, accordée, par une

---

(1) « Rédaction de M. Bérenger : «... la peine sera purgée et la réhabilitation pourra être accordée, s'il y a lieu. » Proposition de MM. Michaux, Mazeau, etc. : « Si pendant ce délai, le condamné n'a subi aucune nouvelle condamnation, la peine sera purgée. »

sorte de grâce, à l'individu condamné sous condition, qui n'a plus commis de délit pendant un temps déterminé ; comme conséquence juridique l'oubli définitif du passé pour le premier ; l'oubli subordonné à la persévérance dans le bien, pour celui qui peut n'avoir conclu qu'une trêve avec la société.

Cette distinction admise, nous serions en droit de solliciter une disposition complémentaire qui désarmerait peut-être ceux qui reprochent à la loi proposée de rendre la peine arbitraire et inégale. Les avantages qu'elle assure, en dehors de l'inexécution de la peine principale, sont importants. Pourquoi n'admettrait-on pas à en bénéficier de plein droit tout individu qui, après avoir exécuté une condamnation, pour laquelle le sursis aurait pu lui être accordé, n'en aura pas encouru de nouvelle pendant le délai qui aurait suffi à purger sa peine s'il avait obtenu cette faveur? Entre lui et celui auquel elle a été accordée, on chercherait en vain un motif de distinguer. Peut-être au contraire est-il fondé à prétendre que c'est de son côté que se trouvent les présomptions les plus sérieuses d'amendement. L'emprisonnement était un danger ; il l'a surmonté. Pourquoi sa persévérance dans le bien, plus difficile et plus méritoire, ne recevrait-elle pas la même récompense? En refusant d'ajouter foi à ses protestations de repentir, le juge s'était évidemment trompé : il est équitable de réparer cette erreur dans la mesure du possible.

On répondrait vainement qu'il arrivera au même résultat en sollicitant la réhabilitation. Il ne le ferait qu'en se soumettant à des exigences plus rigoureuses, à une publicité de nature à le rebuter. S'il se contente de la situation faite à celui qui a été condamné conditionnellement, sous quel prétexte refuserait-on de la lui accorder, alors qu'il a fourni des garanties au moins égales de son repentir?

Cette nouvelle disposition n'aurait pas seulement pour résultat d'effacer une inégalité injustifiable. Elle compléterait heureusement une loi dont le but est de prévenir la récidive en facilitant le relèvement des coupables punis pour une première faute; car elle donnerait un stimulant efficace non seulement au condamné auquel le sursis a été accordé, mais encore à celui qui aura subi la peine prononcée (1).

Il appartient au Gouvernement de la République, qu'honorent les progrès accomplis depuis quelques années dans l'organisation pénitentiaire, sur son initiative ou avec son concours, d'étendre ces encouragements à tous les condamnés repentants en procédant à la réforme promise du casier judiciaire (2). S'il est difficile de rendre à cette institution son caractère primitif en réservant exclusivement aux magistrats le droit d'en

---

(1) Cette disposition pourrait être appliquée non seulement sans premières condamnations à l'emprisonnement de moins de trois mois, mais encore aux premières condamnations à l'amende. Elle réaliserait ainsi le but que le Sénat a cherché à atteindre par l'article 5 du projet.

(2) Par un usage chaque jour plus répandu, la plupart des administrations, maisons de commerce, etc., refusent d'admettre tout employé qui ne produit pas préalablement un bulletin du casier judiciaire : d'où impossibilité presque absolue pour le condamné libéré de trouver du travail. On délivre annuellement 170,000 bulletins n° 2 aux particuliers.

connaître les secrets, du moins n'est-il pas impossible de corriger les inconvénients d'une publicité relative. Qu'on ne mentionne sur les certificats délivrés aux parties que les condamnations assez graves pour inspirer une juste méfiance ; que, jusqu'à un nouveau délit commis, elles cessent toutes d'y être inscrites lorsqu'il se sera écoulé, depuis la dernière peine subie, un délai suffisant pour créer une sorte de prescription (1) : on aura supprimé ainsi une cause fatale de découragement et créé au-dessous de la réhabilitation, dont quelques condamnés redoutent les formalités, une récompense propre à encourager les efforts.

Dans tous les cas l'adoption de la loi que nous venons d'étudier répondra aux légitimes exigences de l'humanité et de la défense sociale. Plus on se sera montré miséricordieux pour une première faute, plus on sera en droit de répondre par un châtiment rigoureux à une nouvelle attaque. Pitié pour celui dont la chute a été en quelque sorte accidentelle ; sévérité impitoyable pour le malfaiteur définitivement corrompu. Pour l'un et l'autre ne sera-ce pas justice ?

---

(1) Le bulletin négatif ne contiendrait pas, comme on l'a dit, une inexactitude. Sa signification, connue de tous, serait que celui qu'il concerne n'a subi aucune condamnation depuis un temps déterminé, par exemple 10 ans pour les délits et 20 ans pour les crimes. Cette constatation suffira le plus souvent à la garantie que l'on recherche. D'ailleurs si la dernière condamnation était plus récente, toutes celles qui l'ont précédée seraient relevées, quelle que fût leur date.

DIJON, IMPRIMERIE DARANTIERE, RUE CHABOT-CHARNY, 65

www.ingramcontent.com/pod-product-compliance
Lightning Source LLC
Chambersburg PA
CBHW071752200326
41520CB00013BA/3228